대륙 갔다
반도 찍고
섬나라로!

＊일러두기
인명과 지명은 국립국어원의 '외래어 표기법'을 따르되 이미 굳어진 경우 관례에 따라 표기했습니다.
사진 출처 ⓒ셔터스톡, 위키미디어

대륙 갔다 반도 찍고 섬나라로!

글 김은숙 | 그림 한상언

하루놀

중국 편

짜장면 먹으러 일단 가고 보자! • 6

무모한 여행, 시작! • 13

파란만장 여행기 • 21

대륙의 스케일에 엄지 척! • 37

역시 짜장면은…… • 47

일본 편

일본으로 출발! • 54

화려하고 아름다운 기모노 • 58

지진 속에서 만난 새끼 고양이 • 70

만화를 20년씩이나! • 76

신칸센을 타고 료칸으로 • 82

예쁜 고양이야, 사요나라! • 90

타이완·몽골 편

제각각 가족 여행 계획 세우기 • 96

중국 편

짜장면 먹으러 일단 가고 보자!

거실 한가운데에 앉은 아빠와 나는 서로 눈치 싸움 중이다. 서울을 누가 갖는지가 지금 우리에게는 그 무엇보다 심각한 문제이기 때문이다.

"6!"

"아, 망했어!"

"야호!"

서울을 쟁취한 아빠는 벌떡 일어나서 두 손을 위로 쭉 뻗고 방방 뛰었다.

"아, 아빠. 밑에 집에서 인터폰 와. 뛰지 마, 제발!"

아빠는 내 말은 안중에도 없이 그저 서울 땅을 쟁취한 것에 대한 기쁨을 표현할 뿐이었다.

날씨도 화창한 5월 초, 연이은 연휴와 함께 단기 방학이 시작되었다. 엄마는 일 때문에 일찌감치 일본으로 떠나면서, 엄마와 죽이 잘 맞는 동생도 데리고 갔다. 연휴 첫날 아침부터 아빠와 나는 시간 가는 줄 모르고 부루마블 삼매경에 빠져 있었다. 그런데 자꾸만 아빠가 이기는 분위기가 되자 나는 괜스레 심통이 났다.

'꼬르륵.'

마침 배 속이 요동치는 소리에 시계를 보니 어느새 정오가 훌쩍 넘은 시간이었다.

"아빠! 벌써 점심시간이야. 나 배고파. 게임 그만하고 밥 먹자."

"지금? 에이, 아빠가 이제 막 세계 정복을 할 참이었는데!"

아빠는 투덜거리며 주방을 이리저리 기웃거리다 소리쳤다.

"김선이, 우리 짜장면 시켜 먹자."

"짜장면? 그럼 난 곱빼기!"

아빠는 잽싸게 중국집에 전화해 짜장면 곱빼기 두 그릇을 시켰다. 짜장면이 도착하자 아빠와 나는 빨리 먹기 시합이라도 하듯 말없이 짜장면만 후루룩거렸다. 그렇게 순식간에 짜장면을 해치우고 빵빵해진 배를 두드리며 아빠와 나는 소파에 드러누워 하릴없이 텔레비전을 보기 시작했다.

"근데 아빠, 우리 남은 휴일 동안 뭐 해?"

내 질문에 아빠는 눈알을 굴리며 뭔가 말하려고 했지만, 딱히 별다른 계획이 없는 게 분명했다.

그때였다.

"자! 바로 이곳이 우리나라 원조 수타 짜장 맛집!"
"우아!"
길게 뺀 밀가루 반죽을 몇 번 치대자 금세 가는 면발이 뽑혀 나왔고, 스튜디오에 있던 사람들은 탄성을 내질렀다. 그 광경을 텔레비전으로 보던 아빠의 눈과 내 눈은 점점 휘둥그레졌다. 방금 짜장면 곱빼기를 마시다시피 먹은 우리지만, 주방장이 손을 출렁일 때마다 쏟아져 나오는 텔레비전 속 수타면을 보고 있자니 또다시 입안에 침이 한가득 고였다. 엄마가 괜히 우리를

'짜장면 귀신'이라고 부르는 것이 아니다.

"아빠! 짜장면은 중국 음식이니까 원조 짜장면은 중국에 있겠지? 중국에서 먹는 짜장면은 얼마나 더 맛있을까?"

아빠는 내 말이 들리지도 않는지 텔레비전 속으로 거의 빨려 들어갈 지경이었다. 홀린 듯 텔레비전을 보던 아빠가 갑자기 벌떡 일어났다.

"그래! 중국에 가는 거야!"

"응? 뭐라고? 어딜 가?"

나는 놀란 표정으로 아빠를 올려다보며 물었다.

"김선이, 일어나. 우리도 가자! 원조 짜장면 먹으러 중국에 가자!"

아무리 무모한 도전을 좋아하는 아빠라지만 이렇게 갑자기 중국에 가자니, 말이 되는 소리인가!

하지만 이미 아빠는 둔해 보이는 외모와는 다르게 무척이나 민첩하게 짐을 싸고 있었다. 나는 어리둥절한 채로 아빠를 따라 얼떨결에 짐을 쌌다. 집에 굴러다니던 베이징 여행에 관한 만화책도 한 권 넣었다.

도대체 아빠가 무슨 생각을 하는 건지, 또 엄마가 알면 뭐라고 할지 걱정이 앞섰다. 하지만 한편으로는 모험을 떠나는 것 같아 재밌는 기분도 들었다.

이런저런 걱정과 기대감 속에 아빠와 나는 수많은 인파로 가득한 공항에 도착했다.

'이렇게 많은 사람들이 여행을 가는데 과연 비행기에 우리 자리가 있기는 한 걸까?'

탑승 수속 카운터에서 항공사 직원과 심각하게 이야기를 나누는 아빠를 바라보며 생각했다.

그때였다.

"김선이! 가자, 짜장면의 나라 중국으로!"

아빠는 개선장군처럼 위풍당당하게 중국의 수도 베이징으로 향하는 비행기 티켓 두 장을 흔들어 보이며 외쳤다.

그렇게 우리의 무모한 중국 여행은, 시작되었다.

✈ 여기서 잠깐! 중국 알아보기

중국은 세계에서 몇 번째로 큰 나라일까?

중국은 세계에서 네 번째로 큰 나라로, 한반도 면적의 44배나 된다. 정식 명칭은 중화인민공화국이다. 나라 면적은 약 960만 제곱킬로미터이며, 육지 국경선과 해안선을 통틀어 그 길이가 약 1만 8천 킬로미터에 달한다. 나라가 넓은 만큼 인구도 약 14억 명으로, 세계 1위이다. 중국의 수도는 베이징이며, 서울에서 베이징까지는 직선 거리로 약 950킬로미터, 인천 공항에서 비행기로는 두 시간 걸린다. 서울에서 도쿄까지의 거리보다 짧고, 서울에서 제주를 왕복하는 거리보다도 짧다.

중국의 심장 베이징

중국의 수도 베이징의 정식 명칭은 베이징직할시이다. 화베이평야 북쪽 끝에 위치하고 있으며, 북쪽에서 서쪽으로 이어지는 산맥들이 도시를 둘러싸고 있다. 베이징은 서울의 약 28배 크기의 인구 2천만 명이 넘는 거대 도시이다. 천여 년의 유구한 도시 역사 속에 약 800년 동안 중국의 수도로 자리를 지켜 오며 정치·문화·경제의 중심 역할을 하고 있다. 베이징은 중국의 역대 지도자들의 권력 투쟁이 꾸준히 일어난 곳이기도 하다. 오랜 역사와 권력이 함께한 도시답게 베이징에는 자금성, 천안문, 만리장성 등의 유적과 유물들이 많이 남아 있다. 이처럼 베이징은 지금의 역동적인 중국과 지난날의 찬란한 중국 역사가 함께하고 있어 가장 중국다운 모습을 볼 수 있는 도시이다.

무모한 여행, 시작!

한숨 자고 일어나니 베이징 서우두 국제공항에 비행기가 착륙한다는 안내 방송이 나왔다.

"아빠, 아빠! 도착했나 봐!"

나는 얼른 중국의 풍경을 보고 싶은 마음에 흥분을 감추지 못하고 비행기 창문에 얼굴을 딱 붙였다. 그런데 이상했다. 창밖이 희뿌옜다. 비행기에서 내내 자는 바람에 아직도 꿈인가 싶어 눈을 비볐지만 여전히 창밖은 희뿌열 뿐, 아무것도 보이지 않았다.

"으! 아빠, 앞이 제대로 보이지 않아요!"

"오늘은 황사가 심하구나. 얼른 마스크 쓰렴."

그럼! 황사 따위가 우리의 중국 여행을 막을쏘냐! 나는 마스크를 척 쓰고 아빠를 따라 숙소로 향했다. 우리가 묵을 숙소는 베이징의 전통 가옥이 몰려 있는 후통 거리 근처에 있었다.

아빠와 나는 숙소에 짐을 풀고 곧장 밖으로 나왔다. 다행히 도착했을 때 보았던 희뿌옇던 하늘도 점차 제 색깔을 찾아가고 있었다. 천 년 전의 베이징 골목들을 탐험하며 왕푸징 거리로 향했다. 우리가 한국을 출발할 때가 이미 오후 늦은 시간이었기에 왕푸징 거리를 걸을 때는 땅거미가 깔리기 시작했다.

왕푸징 거리는 베이징 최대의 야시장 거리로 유명한 곳이었다. 중국은 네 발 달린 것들로는 책상만 빼고, 나는 것들로는 비행기만 빼고, 물에 있는 것들로는 배만 빼고 못 먹는 것이 없다고 하더니만, 과연 그랬다. 왕푸징 거리는 그야말로 음식 문화의 천국이었다. 세계 어디를 가든 중국 음식점이 없는 곳은 드물 정도로 중국 문화를 대표하는 것이 중국의 음식 문화라고 들었지만, 이 정도일 줄이야! 역시 맛있는 짜장면이 그냥 나온 게 아니었다.

"아빠, 여기에 원조 짜장면도 있겠지?"

나는 원조 짜장면에 대한 희망을 가지고 아빠를 따라 야시장을 둘러보았다. 하지만 여기저기서 코를 간지럽히는 맛있는 냄새들 때문에 어느새 짜장면은 머릿속에서 멀어지고 말았다. 대신 쪼르르 열 맞춰 구워지고 있던 양꼬치에 마음을 빼앗겨 버렸다.

"이야! 완전 맛있다."

나는 양꼬치를 양손에 들고 한 입 베어 물 때마다 탄성을 질렀다. 다른 나

라에 와서 촌스럽게 구는 게 아닌가 싶어서 아빠를 힐긋 봤더니 아빠의 표정도 나와 다를 바가 없었다.

우리는 양꼬치를 두어 개 더 먹고 난 뒤 너무 배가 불러서 소화를 시키기 위해 왕푸징 거리를 조금 더 걸었다. 그러다가 또 다른 음식들에 홀려서 어느새 소화시킨 배를 다시 채우고 있었다.

"아빠, 중국 음식이 이렇게 맛있고 다양할 줄 몰랐어."

나는 두둑해진 배를 두드리며 말했다.

"중국은 지역마다 요리의 재료도 다르고 특징도 차이가 나. 북방 지역에서는 주로 소, 돼지, 양, 말 등 육류에다 콩, 옥수수, 밀가루를 주식으로 하기 때문에 면요리가 발달했어."

"그럼 남방 지역은?"

"남방 지역은 많은 강과 비옥한 평야 지대가 발달해 쌀을 주식으로 하고, 해산물을 이용한 요리가 발달했지."

아빠의 설명을 들으며 우리는 숙소로 돌아왔다.

숙소에 돌아오니 피로가 한꺼번에 몰려왔다. 그렇게 첫날은 쥐 죽은 듯이 잠들어 버렸다.

어제 일찍 잠든 탓인지, 이른 아침부터 눈이 번쩍 떠졌다.

'오늘은 기필코 원조 짜장면을 먹고 말 테다!'

원조 짜장면도 먹고 어제 못 한 베이징 구경도 제대로 하겠노라 다짐하며 아빠와 나는 운동화 끈을 조여 맸다.

우리가 처음으로 택한 곳은 만리장성이었다. 만리장성은 듣던 대로 그 위엄이 대단했다.

"우아! 아빠, 시황제는 이렇게 긴 성을 지을 만큼 엄청 위엄이 있던 황제였나 봐."

"그렇지. 하지만 이 만리장성을 시황제가 모두 쌓은 것은 아니래. 전국 시대에 이미 여러 제후의 나라에서 국방을 튼튼하게 하기 위해서 국경선에 장성을 쌓은 일이 있었지. 그걸 천하를 통일한 시황제가 연결시켜 완전한 방어 시설로 만들어서 북방의 침략을 막는 데 사용하였다고 해. 그리고 명나라 때 계속 성을 쌓아 세계에서 가장 긴 군사 시설로 건설된 거지."

그 길이가 얼마나 긴지 끝이 보이지 않았다.

"만리장성 길이가 얼마나 긴지 지구 반지름만큼의 길이라는 이야기도 있어. 정말 어마어마하지?"

"우아! 진짜?"

나는 놀라서 입이 떡 벌어졌다.

만리장성을 보러 온 사람들은 우리뿐만이 아니었다. 우리처럼 5월 황금연휴를 맞아서 관광을 온 한국 관광객들은 물론이고 중국 사람들도 무척 많았다. 중국은 워낙 땅덩어리가 넓은 나라여서 시골 오지에 사는 중국인들 중에는 수도인 베이징을 방문하는 것이 평생 소원인 경우도 있다고 한다. 그렇다 보니 많은 사람들이 몰려서 마치 기차놀이를 하는 것 같았다.

"아!"

그때였다. 누군가가 내 어깨를 세게 치고 앞질러 갔다.

"아, 아파. 저 사람 뭐야?"

부딪힌 어깨를 어루만지며 나는 앞질러 뛰어가는 사람을 쩨려봤다.

"괜찮아? 다친 덴 없…… 어! 김선이! 가방!"

옆으로 메고 있던 작은 가방이 사라졌다!

여기서 잠깐! 중국 알아보기

중국의 4대 요리

중국은 땅이 넓어 각 지역마다 특색 있는 요리가 발달했다. 중국 음식은 4대 요리라 하여 베이징 요리, 광둥 요리, 쓰촨 요리, 상하이 요리로 나뉜다.

베이징 요리

베이징은 중국을 대표하는 도시인 만큼 여러 왕조를 거치면서 궁중을 중심으로 한 요리로 유명하다. 또 북방 지역의 석탄을 사용해 튀김이나 볶음류 음식이 많이 발달했고, 밀 생산량이 많아 면 종류의 음식도 유명하다.

광둥 요리

광둥 지역은 지리적 위치 때문에 외국과의 교류가 많아 전통적인 요리와 서양 요리, 그리고 퓨전 요리가 모두 발달했다. 담백하고 맛깔스러운 요리가 특징이다.

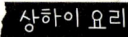

쓰촨 요리

중국 음식 중에서 쓰촨 요리는 맵기로 유명하다. 매운 맛을 좋아하는 우리나라 사람들의 입맛에도 잘 맞으며, 매우면서도 신맛이 나는 게 특징이다.

상하이 요리

바다와 가깝고 경치가 수려한 상하이의 요리는 깊은 맛이 나고 깔끔한 것이 특징이다. 쌀을 재료로 한 요리와 게, 새우, 물새 등으로 만든 요리가 유명하며, 달콤하고 기름진 것이 특징이다.

파란만장 여행기

 아빠도 나도 두 눈이 휘둥그레진 채 몸이 굳어 아무것도 하지 못했다. 잠시 뒤, 정신을 차린 아빠가 크게 소리 지르기 시작했다.
 "도둑 잡아라!"
 아이코, 나는 이마를 손으로 짚었다. 한국어로 말해 봤자 그게 중국에서 통하겠느냐는 말이다. 이제 그 가방은 잃어버렸다고 생각하던 그때!
 "어! 어! 어!"
 몇 미터 앞에서 우당탕 소리가 들리더니 주위가 소란스러워졌다. 저 멀리 날 밀치고 갔던 사람이 무언가에 걸린 듯 휘청거리는 모습이 보였다. 관광객치고는 매우 화려한 옷을 입은 여인들에게 가려서 자세한 사정은 잘 모르겠지만, 그 소매치기범이 바닥에서 데굴데굴 구르고 있는 게 아닌가!

화려한 옷을 입은 여인들 사이에 있던 작은 여자아이가 잽싸게 내 가방을 주어 들었다.

"내 가방!"

소매치기범은 꽁지가 빠지게 도망을 갔고, 내 가방을 든 여자아이는 나에

게 다가왔다. 그러고는 슥 가방을 내밀었다.

"아, 고맙…… 아니, 셰셰?"

내가 서툴게 고맙다는 말을 중국어로 하자 여자아이는 찡긋 웃었다. 여자아이는 화려한 옷차림만큼이나 얼굴도 예뻤다. 뒤돌아서 종종 뛰어가는 여자아이의 뒷모습을 바라보고 있을 때였다.

"김선이! 얼굴 왜 이렇게 빨개? 하하."

아빠의 장난기 어린 목소리에 나는 민망해져 괜시리 아빠의 가슴을 팔꿈치로 쳤다. 아빠가 죽는다고 엄살을 부렸지만 나는 빨개진 얼굴을 진정시키느라 바빴다.

나는 만리장성을 돌아보는 내내 가방을 꼭 끌어안고 다녔다. 만리장성은 돌고 돌아도 끝이 보이지 않을 정도로 길었고, 나와 아빠는 폭풍 같은 소매치기 사건을 겪은 뒤 급속도로 피곤해졌다. 우리는 베이징 근교에 있는 협곡인 룽칭샤까지 둘러보려던 계획을 뒤로 미루고 둘째 날의 여행을 마무리 지었다.

그날 밤, 꿈에 그 여자아이가 나왔다.

"아…… 잠깐만……."

여자아이에게 뭐라고 말을 걸려고 했지만 여자아이는 싱긋 웃기만 하고는 뒤돌았다. 그러고는 낮에처럼 종종걸음으로 뛰어갔다. 나는 한참을 허공에 대고 손을 휘젓다가 잠에서 깨어났다.

이럴 줄 알았으면 손짓 발짓 다 섞어서라도 조금 더 인사를 나눌 걸 하는 아쉬운 마음이 들었다.

전날 만리장성에서의 소매치기 사건과 꿈 때문에 자금성 관광을 앞둔 셋째 날은 아침에 눈을 뜨는 것조차 힘들 정도로 피곤했다. 하지만 영화에서나 보던 으리으리한 궁궐, 자금성을 직접 보는 순간 나와 아빠는 피곤함을 잊고 탄성을 내지르기에 바빴다.

여행 올 때 가방 속에 쑤셔 넣었던 책에서 봤던 기억으로는 자금성이 세계에서 가장 큰 고대 건축물이라고 했다. 전체 면적이 72만 제곱미터에 이른다고 쓰여 있었다. 책으로는 그 면적이 얼마큼인지 전혀 가늠할 수 없었는데,

눈앞에 펼쳐진 광경을 보니 얼마나 큰지 와닿았다.

"여기를 하루에 다 돌 수나 있어?"

자금성의 정문인 오문으로 들어가면서 자금성은 건축 당시 이미 오문을 비롯해서 건물이 700여 채나 됐다는 소리를 들었다. 아빠와 나는 엄지를 척 들어 올렸다. 그 많은 건물을 어떻게 다 셌을까? 나였으면 분명 세다가 중간에 잊어버리고 말았을 것이다.

"그런데 아빠. 자금성의 원래 이름은 고궁 박물원이라며. 그럼 자금성은 무슨 뜻이야?"

흠흠. 아빠는 내가 뭐만 물어보면 헛기침을 하며 목을 가다듬었다. 마치 일장 연설을 앞둔 교장 선생님처럼 말이다. 나는 괜히 물어봤나 잠시 후회를 했지만 그래도 자금성에 대해 조금 더 알고 싶었다.

"하늘의 황제가 사는 자궁과 같은 금지 구역이라는 뜻으로 자금성이라고 불렀대. 자금성은 무려 15년 동안 약 20만 명을 동원해서 지었다고 해. 명나라와 청나라 황제 스물네 명이 이곳을 거쳐 갔지."

'어떻게 건축물 하나를 15년 동안이나 지을 수 있지?'

그렇게 생각하다가 문득 수많은 건물을 떠올리고는 그럴 수도 있다며 고개를 끄덕였다.

나는 자금성을 보는 내내 떡 벌어진 입을 다물 수가 없었는데, 태화전을 보는 순간 입을 더 벌려야 할 것 같았다.

태화전은 황제의 공식 업무 공간이었는데, 중국에서 가장 큰 목조 건축물이라고 한다. 황제만 다녔던 길에는 무려 15미터가 넘는 조각이 새겨져 있었다. 또 금박으로 장식된 7폭짜리 병풍과 의자, 향을 피우던 도자기가 놓인 옥좌를 보았을 때는 나도 아빠도 연신 사진을 찍어 대느라 정신이 없었다.

중국의 화려함을 한껏 느낄 수 있었다.

"아빠, 태화전은 목조 건물이잖아. 우리나라 숭례문처럼 불이 나거나 그러면 어떡하지?"

"그래서 궁궐 안에 인공 하천을 만들어서 물을 저장했다고 하는구나. 그러니 그런 괜한 걱정은 안 해도 돼."

옛 중국인들의 지혜에 나는 감탄했다.

어마어마한 규모의 자금성을 둘러보고 나온 우리는 천단 공원으로 이동했다. 천단 공원은 약 600년 전에 건설한 제단이 있는 곳으로, 명나라와 청나라 때 기우제와 풍년제 등의 제사를 지냈던 황실 최대의 제단이었다고 한다. 그래서인지 말이 공원이지, 그 규모가 대단했다. 자금성 만만치 않게 넓은 공원을 둘러보다 보니 다리가 콕콕 쑤실 정도로 아파 오기 시작했다. 아빠와 나는 다리의 피로를 풀어 주느라 한참 동안 다리를 주물렀다. 그것도 모자라 나는 공원에 있는 벤치에 거의 드러눕다시피 했다.

"김선이, 그렇게 평소에 운동 좀 하라니까. 운동 부족이야, 운동 부족!"

아빠는 내 다리를 주물러 주며 잔소리를 해 댔다.

아까 힘들다며 내 어깨에 매달린 사람은 어디에 사는 누구신지, 나는 잠시 아빠를 째려봤다. 아들의 눈이 가자미눈이 되든 말든 아빠는 흠흠 헛기침을 하며 모른 척했다.

그때 어디선가 음악 소리가 들려왔다.

"어! 아빠! 이게 무슨 소리야?"

소리가 나는 곳을 보니 사람들이 몰려 있었다. 아빠와 나는 다리가 천근만근 무거웠지만, 궁금함을 참지 못하고 사람들이 있는 곳으로 향했다. 그리고 그곳에서…… 만났다.

어제 그 여자아이를!

가끔 중국의 소수 민족들이 천단 공원에서 거리 공연을 하기도 한단다. 그런데 그 여자아이가 그곳에서 춤을 추며 공연을 하고 있었던 것이다.

"김선이! 어제 그 여자애다!"

나는 혹시라도 지나치게 반가워하는 기색을 아빠에게 들킬까 봐 고개만 끄덕였다.

"저 아이, 묘족인가 보구나."

"묘족? 그게 뭔데?"

"묘족은 중국 남방 산악 지대에 사는 중국의 소수 민족들 중 하나야."

"아, 중국은 소수 민족이 많아?"

"50여 개가 넘는 것으로 알려져 있으니 꽤 많지."

다 똑같은 민족인 줄 알았는데, 중국은 넓은 땅 크기만큼이나 여러 민족이 함께 사는 곳이었다.

음악 소리가 커지자 사람들이 점점 더 모여들기 시작했다. 그리고 곧 이어 사람들이 묘족의 공연 속에 함께 섞이기 시작했다. 사람들은 너 나 할 것 없이 그들의 춤사위에 함께 어우러져 신나게 춤을 추었다.

"저 사람들은 창피하지도 않나 봐! ……아빠?"

아빠가 보이지 않았다. 놀란 나는 주위를 둘러보았다. 저 멀리 한 무리의 사람들 속에 섞여 들어가서 덩실덩실 전혀 어울리지 않는 춤을 추고 있는 아빠가 보였다.

아이고! 창피해.

그 순간! 춤을 추던 그 여자아이와 눈이 마주치고 말았다. 여자아이가 손을 살짝 흔들며 알은척을 했다.

음악이 끝나고 함께 어우러져서 춤을 추던 사람들은 서로에게 박수를 보냈다. 나는 어느새 손바닥이 빨개지도록 있는 힘껏 박수를 치고 있었다. 그런 내 모습을 보고 여자아이가 다가왔다. 손바닥만큼이나 얼굴이 빨개지는 게 느껴졌다. 당황한 나는 아직도 흥에 겨워 덩실거리는 아빠의 옷자락을 끌어당겼다.

"아빠, 중국어로 얘기 좀 해 줘. 아빠 중국어 조금 하잖아."

아빠는 중국 무협 영화를 보며 익힌 어설픈 중국어에 손짓 발짓을 섞어서 여자아이에게 몇 마디를 건넸다. 나는 쑥스러운 마음에 아빠 옆에 딱 붙어 있었지만, 여자아이를 다시 만났다는 신기함과 반가운 마음에 자꾸만 올라가는 입꼬리를 막을 수는 없었다.

여기서 잠깐! 중국 알아보기

중국의 세계 문화유산

중국은 넓은 영토와 오랜 역사를 갖고 있는 나라답게 많은 유적과 유물들이 존재했고 현재까지도 남아 있다. 중국은 1985년에 '세계 문화 및 자연 유산 보호 조약'에 가입했고, 1987년에 처음으로 베이징 고궁(자금성) 등 여섯 개 유산이 세계 문화유산으로 등재되었다. 그 뒤 꾸준히 세계 문화유산 등재를 위한 노력을 하여 현재는 꽤 많은 세계 문화유산을 가지고 있다.

저우커우뎬 유적

저우커우뎬 유적은 세계 유명 고대 인류와 고대 척추동물의 고고 유적지로 베이징 원인의 발상지이며, 세계의 유적지 중 고대 유인원 화석이 가장 풍부하고 잘 보존된 곳이다. 베이징 원인의 두개골과 뼈를 시작으로 대량의 고인류 화석과 석기, 갱신세 시기의 농불 화석과 불 사용 유적이 출토되었다. 또한 산정 동굴에서 중국 최초의 고분과 장식품이 출토되어 세계적으로 유일한 50~60만 년 전의 고인류 유적이 되었다.

시안 진시황릉과 병마용

중국 최초의 중앙 집권적 통일 제국인 진나라를 세운 시황제 진시황의 능묘인 진시황릉은 동서 약 485미터, 남북 약 515미터, 높이 약 76미터에 이르는 거대한 능이다. 《사기》에 따르면 진시황이 즉위하던 기원전 246년에 착공하였으며, 최대 70여만 명이 동원되었다고 한다. 기원전 208년에 완공하기까지 39년이 걸렸다고 알려져 있다. 진시황릉의 병마용갱은 1974년에 한 농민에 의해 우연히 발견되어 세상에 알려졌다. 병마용이란 흙으로 빚어 구운 병사와 말을 가리키는데, 병마용갱의 전체 도용은 약 6천 개로 추정된다. 모두 갑옷을 입고 있으며, 무장한 무사의 표정이 마치 살아 있는 듯 생생한데, 얼굴이 똑같은 것이 하나도 없다. 이 병마용들은 하나하나가 모두 훌륭한 예술품으로 평가된다. 또한 진시황 친위 군단의 위용과 함께 당시의 군사 편제, 갑옷, 무기 등의 연구에 구체적인 자료를 제공하는 귀중한 문화유산이다.

©Zossolina at Wikimedia

리장의 옛 시가지

동양의 베니스라고 불리는 리장은 중국 남부 윈난성에 있는 해발 2,400미터의 고원 도시이다. 여러 문화와 전통이 조화롭게 섞인 옛 시가지가 그대로 남아 있으며, 빼어난 마을 경관을 가지고 있다. 명나라와 청나라 시대부터 차 무역의 거점을 이루었고, 중국의 소수 민족인 나시족의 화려한 문화가 잘 나타나 있다. 특히 독특한 양식으로 지어진 건물들이 유명하다. 이는 한족과 장족의 건축 양식을 받아들여 아주 독특하게 발전했기 때문인데, 대부분 2층으로 되어 있다. 1층은 점토로 만들어졌고, 2층은 매우 화려한 장식으로 벽을 세웠다. 지붕은 기와로 올렸는데, 바깥으로는 복도가 나 있다. 장식 또한 나무로 된 곳에는 지역 문화 요소인 악기, 꽃, 새 등이 매우 정교하게 조각되어 있어서 무척 흥미롭다. 1997년, 세계 문화유산으로 지정된 뒤 대대적으로 보수하였다.

중국의 민족

중국은 한족이 인구의 92퍼센트를 차지하며, 50개 이상의 소수 민족들이 함께 어울려 살고 있다. 한족은 독자적인 문화를 창조하며 다른 소수 민족들을 동화시키려고 해 왔지만, 소수 민족들은 지금까지도 각 민족 고유의 전통을 고수하고 있다. 중국은 이런 소수 민족의 전통에 대한 보호책으로 자치구나 자치주를 만들어 각 민족의 고유성을 인정하는 정책을 펼쳐 왔다. 중국인은 광활한 대륙, 유구한 역사, 우수한 문화를 지닌 자존심이 강한 민족으로, 대륙적 기질이 있어 대범하고 자연의 섭리에 순응하고 조화를 추구하는 사상이 녹아 있다.

나도 소수 민족이야.

대륙의 스케일에 엄지 척!

아빠와 나는 중국 가이드북을 뒤져 보다가 베이징에서 기차로 뤄양에 갈 수 있다는 정보를 얻었다. 그것도 야간열차를 타고 말이다. 우리는 생전 처음 타 보는 야간열차에 기분이 들떠 있었다. 중국의 기차는 어떤 모습일까?

"아빠! 이게 그 야간열차 맞는 거지?"

객실에 들어선 아빠와 나는 눈앞의 풍경을 보고 멀뚱멀뚱 서 있을 수밖에 없었다. 한국 기차처럼 중국 열차도 자리에 따라서 등급이 나누어져 있었다. 우리는 잔뜩 기대를 하고 침대칸을 선택했다. 그런데 우리 눈앞에 펼쳐진 풍

경이란…….

중국 야간열차 침대칸은 3층 침대로 이루어져 있었다. 눈앞에 펼쳐진 빡빡한 3층 침대를, 그것도 기차 안에서 보다니, 보면서도 믿기지가 않았다. 3층 침대의 가장 위 칸 침대는 천장과의 사이가 너무 좁아서 앉아 있을 수가 없었고 폭도 엄청나게 좁았다.

오도카니 서 있는 우리 뒤로 사람들이 밀고 들어왔다. 우리는 등 떠밀려 할 수 없이 안으로 들어와 자리를 잡았다.

"아빠, 침대칸이 좋은 칸이라며! 이 침대에서 잘 수나 있겠어?"

내 핀잔에 아빠는 머쓱한 듯 머리를 긁적였다.

"어쨌든 앉아 있지는 못하니까 누워서 얘기하다 보면 잠들겠지 뭐. 근데 김선이, 그 가방 누워서도 메고 있을 거야?"

내가 신줏단지 모시듯 메고 있는 가방은 바로 그 여자아이가 찾아 준 가방이었다. 그리고 가방에는 은으로 된 장신구가 찰랑찰랑 걸려 있었다. 가방 속에 여자아이에게서 받은 집주소가 있는 것은 당연한 일이었고 말이다.

기차에 막 올랐을 때만 해도 아빠와 나는 좁은 3층 침대에서 과연 잠들 수 있을지 눈앞이 캄캄했다. 하지만 그런 걱정을 언제 했냐는 듯 우리는 눕자마자 잠들어 버렸다. 베이징에서 이틀 동안 만리장성과 자금성이라는 어마어마한 규모의 관광지를 돌아본 결과였다. 아빠와 나는 그렇게 뤄양에 도착할 때까지 단 한 번도 깨지 않고 죽은 듯이 잤다.

아침이 되어서야 뤄양에 도착했다. 뤄양은 베이징보다 남쪽에 위치해 있어서 훨씬 따뜻했다. 우리는 소매를 둘둘 걷어 올렸다. 그러고는 바로 룽먼 석굴로 향했다.

처음 아빠와 내가 중국에 온 이유는 원조 짜장면을 먹기 위해서였지만, 점점 중국의 매력을 느낀 아빠와 나는 이제는 이왕 중국에 왔으니 할 수 있는 건 다 경험하고 가자로 여행의 목적이 바뀌어 있었다.

우리가 뤄양까지 온 이유도 이곳에 있는 룽먼 석굴이 무척 멋지다는 소리를 들었기 때문이다. 룽먼 석굴은 허난성 뤄양 남쪽에 위치한 석굴 사원으로, 완공하기까지 약 400년이 걸렸다고 했다. 석굴에 조각되어 있는 불상만도 무려 10만여 개나 되는데, 모든 작품들이 불교에 헌납된 예술품이라고 한다. 아빠와 나는 잔뜩 기대하며 룽먼 석굴에 들어섰다.

룽먼 석굴이 대단하다는 것은 이미 알고 있었지만, 아빠와 나는 막상 눈앞에 장관이 펼쳐지자 눈이 왕방울만 해졌다. 어제 자금성을 보며 분명히 나는 이렇게 생각했다.

'이보다 더 대단한 건축물은 없을 거야!'

그런 내 생각을 마치 비웃기라도 하듯 우리 눈앞에 엄청난 돌산이 있었다. 그리고 그 돌산 안에 수많은 굴이 파져 있었다. 그 수가 무려 2천 개가 넘는다니! 그 안에는 불상이 빼곡히 들어앉아 있었는데, 동굴 안의 조각들은 별도로 조각을 만들어서 굴 안에 집어넣은 것이 아니라 돌산을 파내고 깎아 낸 것이라고 했다. 그러니까 이 어마어마한 돌산과 그 안의 불상들이 원래부터 한 몸이라는 것이었다.

나는 대륙의 어마어마한 스케일에 그저 엄지를 척 들 수밖에 없었다. 그건 아빠도 마찬가지인 듯했다. 옆에서 떠들썩하게 구는 중국 관광객들을 향해 짧은 중국어로 말을 걸며 계속해서 엄지를 들어 보이는 것을 보니 말이다. 나는 나중에 그런 아빠가 조금은 창피해서 아빠의 옷깃을 잡고 끌어당겼다.

그런데 룽먼 석굴은 이게 다가 아니었다. 펑셴쓰라는 동굴이 있는데, 그

안에 전체 높이가 17.4미터에, 머리 길이 4미터, 귀 길이만 2미터나 되는 불상이 있었다. 귀가 아빠보다도 훨씬 컸다.

어제부터 느꼈던 것이지만 중국은 무엇을 하든 상상 이상이었다. 건물이 700개가 넘는 자금성이나, 2만 킬로미터를 훨씬 넘는 만리장성이나, 17미터가 넘는 불상이 있는 룽먼 석굴이나…….

이제는 중국이라는 나라가 대단하다 못해 슬슬 무서워지기까지 했다.

✈ 여기서 참깐! 중국 알아보기

중국의 지형

중국이 오늘의 역동적인 세계 강대국이 되기까지 대륙의 다양한 지리적 조건들이 그 원동력이 되었다고 할 수 있다. 인류 4대 문명의 하나인 황허 문명도 황허 강 유역의 울창한 숲과 비옥한 황토 덕분에 일찍이 찬란한 문명을 꽃피울 수 있었다. 중국의 지형을 보면 산지, 고원, 분지가 국토의 80퍼센트를 차지하며, 나머지 20퍼센트가 평원과 구릉이다. 우리나라의 지형이 동쪽이 높고 서쪽이 낮은 동고서저라면, 중국은 이와 반대로 서쪽이 높고 동쪽이 낮은 서고동저의 지형 구조를 갖고 있다.

중국의 기후

중국은 땅이 넓고 지형도 복잡해 기후 또한 매우 다양하다. 적도대, 열대, 아열대, 난온대, 온대, 한온대 등 여섯 개의 온도대가 나타나며, 남북으로 큰 기온 차이를 보인다. 북쪽에 위치한 둥베이 지방은 겨울이 길고 여름이 짧지만 남부 지방인 하이난다오는 여름이 길고 겨울이 짧다. 또 둥베이 지방은 사계절이 뚜렷하며 온난 다습하다. 한편 평균 해발 고도 4,500미터의 티베트고원은 1년 내내 겨울인 반면, 남해의 여러 섬들은 1년 내내 여름이다.

생명을 위협하는 황사

우리나라에 발생하는 황사는 중국과 몽골에 걸쳐져 있는 고비 사막 및 그 주변의 반건조 지역이 발원지이다. 작은 모래나 황토 먼지 등이 하늘을 떠다니다가 바람을 타고 멀리 날아가 떨어지는데, 봄철에는 우리나라 대기 특성 때문에 더욱 위협적이다. 봄철에는 일교차가 커서 공기의 대류가 활발하게 일어나지 않으므로 황사도 다른 곳으로 이동하지 못하고 두껍게 깔려 큰 피해를 주기 때문이다. 황사 피해를 줄이기 위해서 정부도 대책을 세우고 있지만 아직까지는 뚜렷한 해결책이 없는 상황이다.

중국의 기차

중국은 땅덩이가 넓어서 이동 거리 시간이 길다. 중국의 철도 길이만도 총 길이가 약 5만 킬로미터에 이른다니, 지구 한 바퀴를 돌아도 남는 셈이다. 이렇게 넓은 중국에서는 기차만큼 유용한 이동 수단이 없다. 그래서 우리나라처럼 어느 지역으로 가기 위해 버스를 타는 경우는 드물고, 대부분 기차를 이용한다. 그 덕분에 기차에 관한 문화가 발달하였다. 중국 명절에는 수많은 사람들이 기차로 대이동하는 진풍경을 볼 수 있다.

고속 기차

우리나라의 KTX와 비슷한 열차이며, G/C/D열차로 분류할 수 있다. G열차는 최고 속도가 350킬로미터에 달하는 가장 빠른 열차다. C열차는 베이징-톈진, 광저우-선전과 같이 가까운 도시 사이를 직통으로 연결해 주는 단거리 전용 열차이다. D열차는 최고 속도가 250킬로미터인 열차로, 중간중간 정차하는 역이 많다.

일반 기차

일반 기차는 Z/T/K열차와 푸콰이로 분류할 수 있다. Z열차는 일반 열차 중 속도가 가장 빠른 열차로 시속 160킬로미터로 달린다. T열차는 시속 140킬로미터로 달리며, 정차하는 역이 Z열차보다 많다. K열차는 정차하는 역도 많고 시속 120킬로미터로 달린다. 푸콰이는 정차하는 역이 가장 많고, 시설이 좋지 않은 경우가 있다. 가까운 지역으로 이동할 때 주로 이용한다.

역시 짜장면은……

한국으로 돌아가기 위해 우리는 뤄양에서 베이징으로 다시 돌아가야만 했다. 비행기 티켓이 한국과 베이징 왕복 티켓이었기 때문이다. 베이징에 다시 돌아온 아빠와 나는 마지막으로 둘째 날 보지 못했던 룽칭샤에 들렀다. 룽칭샤는 베이징에서 조금 떨어져 있는 곳에 자리한 협곡으로, 한여름에는 베이징 시내와의 온도 차가 무려 10도에 이를 정도로 시원해서 중국인들에게는 피서지로 유명한 곳이라고 했다. 1973년에 중국과 홍콩이 이곳의 계곡을 막아 댐을 건설한 것이란다.

"아빠, 그런데 홍콩은 중국이잖아! 홍콩은 그냥 도시 이름 아니야?"

"응, 맞아. 홍콩은 중국에 있는 도시야. 하지만 원래 영국의 식민지였지. 그러다가 1997년에 중국으로 반환되었어. 그래서 중국이면서도 중국이 아닌 도시라고 부르지."

중국이면서 중국이 아닌 도시? 무슨 뜻인지 잘 이해되지 않아서 고개를 갸웃했다.

하지만 그런 궁금증은 눈앞에 거대한 용이 나타나면서 내 머릿속에서 완전히 사라져 버렸다. 그것은 바로 70미터 댐 위로 올라가는 에스컬레이터였다. 아빠도 거대한 용 모양의 에스컬레이터가 엄청 신기했는지 핸드폰 카메라를 연신 눌러 대고 있었다.

협곡을 돌아볼 수 있는 유람선에 올라탄 아빠와 나는 입을 헤벌리고 주변을 감상했다. 기묘하게 생긴 봉우리들과 댐, 인공 폭포 등이 서로 잘났다며 뽐내고 있었다.

룽칭샤에서는 매 겨울마다 환상적인 얼음 축제가 열린다고 했다. 지금 내 눈앞에 펼쳐진 풍경들이 겨울로 배경이 바뀐다면 어떨까? 눈 덮인 풍경과 얼음 조각, 아름다운 조명이 조화롭게 펼쳐진 광경이 무척 아름다울 것 같았다.

아빠와 나는 마지막 관광지 룽칭샤를 뒤로하고 공항으로 향했다. 중국의 넓은 땅덩이를 구경하려면 한 달은 족히 필요할 것 같았다.

"아빠, 다음에는 더 길게 왔으면 좋겠어."

"그래. 다음엔 우리 칭다오도 가 보고 시안도 가 보자. 칭다오 만두가 그렇게 맛있대."

꼬르륵. 아빠의 칭다오 만두 얘기에 갑자기 배에서 우렁찬 소리가 들렸다. 아빠가 낄낄거리며 내 배를 가리켰다.

"아빠가 갑자기 만두 얘기 하니까 그렇잖아!"

아들 배에서 꼬르륵 소리가 울리는데 걱정은커녕 남 일인 양 낄낄대는 아빠라니!

"한국 도착하면 맛있는 거 사 줄게."

그러고 보니 중국에 원조 짜장면을 먹으러 왔다는 것을 까맣게 잊고 있었다. 원조 짜장면을 먹지 못해서 좀 아쉽긴 하지만 그래도 즐거운 중국 여행이었으니 아무렴 어떤가! 게다가 소중한 친구도 알게 되었으니. 나도 모르게 배시시 미소가 새어 나왔다.

두어 시간 뒤, 우리는 인천에 도착했다. 그리고 나는 아빠의 손에 이끌려서 어디론가 갔다. 맛있는 음식을 잔뜩 기대하며 눈앞에 펼쳐진 풍경을 바라보았다.

"이게 뭐야!"

차이나타운.

아빠가 나를 끌고 온 곳은 인천의 차이나타운이었다. 내 눈이 가자미눈처럼 옆으로 찢어지든 말든 아빠는 내 등을 가게 안으로 밀었다.

후루룩후루룩.

잠시 동안 아빠와 나는 아무 말도 없었다.

"어때? 그래도 짜장면은 역시……."

나는 여전히 짜장면 그릇에 고개를 파묻다시피 하고는 오른손 엄지를 척 들어 보였다.

중국에서 원조 짜장면은 맛보지 못했지만, 분명 이보다 맛있을 수는 없을 것 같다.

"역시 짜장면은 한국에서 먹는 게 제일 맛있어!"

여기서 잠깐! 중국 알아보기

중국이면서 중국이 아닌 도시

홍콩

과거에는 광둥성 신안 현(지금의 '선전')에 속하였으며, 아편 전쟁 이후 영국의 식민지가 되었다. 1984년 중국과 영국의 연합 성명에 따라 1997년 7월 1일, 주권을 회복하며 중국에 반환되었다. 하지만 혼란을 방지하기 위해서 별도의 자치권을 누리는 특별 행정구로 지정되어, 2047년까지 군사·외교를 제외한 기존의 사회 제도와 생활 방식을 유지할 수 있게 되었다.

마카오

난하이 유역 주장강 서안에 위치하고 있으며, 마카오 반도와 타이파 섬을 포함한다. 과거의 명칭은 '하오싱아오'였으며, 광둥성 샹산 현(지금의 '쥬산')에 속하였다가 16세기 중엽 이후 포르투갈에 점령당하였다. 1987년 포르투갈과의 합의에 따라 1999년 12월 20일 중국의 주권 회복과 동시에 특별 행정구로 지정되었다.

일본 편

일본으로 출발!

드디어 출발!

비행기가 막 활주로를 벗어나 하늘로 날아오르는 순간 윤이는 가슴이 뛰었다. 단기 방학을 일본에서 보내게 될 줄은 상상도 못했다. 기껏해야 가족 나들이로 가까운 유원지에 캠핑이나 하러 갈 줄 알았는데, 엄마와 단둘이 해외여행이라니! 좋아서 입이 다물어지지 않았다.

"그렇게 좋아?"

잔뜩 흥분해 있는 윤이를 보고 엄마가 말했다.

"그럼요. 태어나서 처음 가는 외국이잖아요."

사실 가슴이 들뜨기는 엄마도 마찬가지였다. 일본에 처음 가는 것은 아니었지만, 딸과 단둘이 떠나는 여행은 처음이었다. 김포 공항에서 하네다 공항까지는 두 시간쯤 걸린다. 이제 두어 시간 뒤면 윤이와 둘이서 일본의 수도인 도쿄 거리를 누비고 다닌다고 생각하니 믿기지가 않았다.

엄마는 웹툰 작가이다. 애니메이션과 만화로 유명한 일본에서 올해 연재 20주년을 맞이한 만화의 전시회를 크게 개최 중이라고 했다. 늘 마감에 쫓겨서 시간을 내기 힘든 엄마였지만, 이번 황금연휴에는 운 좋게도 연재하던

웹툰을 한 주 쉬어 갈 수 있었다. 덕분에 이렇게 윤이와 일본 여행도 하고, 전시회도 보러 가는 것이었다. 엄마는 비록 길지 않은 시간이지만 윤이와 함께 일본 여기저기를 둘러보며 멋진 추억을 쌓아 볼 참이었다.

"근데 윤이야, 넌 일본 하면 뭐가 떠오르니?"

엄마의 말이 끝나기가 무섭게 윤이는 줄줄 늘어놓았다.

"벚꽃, 온천, 만화, 초밥, 우동…… 또 뭐가 있더라? 아, 지진!"

그럼 그렇지! 엄마가 다 알아서 할 테니 따라오기만 하면 된다고 했는데, 윤이 나름대로 미리 일본에 대해서 기본 상식은 공부한 모양이다.

"그래 좋아. 우리 일본에 가면 네가 말한 것들 다 경험하고 오자."

"우아! 아, 그런데 엄마, 지진은 좀……."

"지진? 아 참, 그렇지! 호호, 지진만 빼고 다 경험하고 오자."

우리나라에서도 얼마 전에 아래 지방에서 지진이 일어났었다. 그때 서울까지도 미세한 진동이 이어져서 윤이도 몸이 흔들리는 경험을 했었다. 놀라고 무서웠던 기억이 아직도 생생했다. 윤이는 일본은 지진이 잦은 나라라는데, 자신이 여행하는 동안에는 아무 일도 없기를 간절히 바랐다.

"윤이야, 조금 있으면 기내식으로 점심이 나올 텐데, 그거 먹고 나면 금방 일본에 도착할 거야."

세상에! 그렇게 가깝다니! 일본은 정말 가까운 나라였구나.

동해를 두고 마주 보고 있는 나라, 비행기로 두 시간 정도면 갈 수 있는 나라, 일본. 그곳에는 어떤 사람들이 살고 있을까?

여기서 잠깐! 일본 알아보기

일본의 지리와 지형

일본 열도는 세계 지도상에서 볼 때 유라시아 대륙의 동쪽에 위치해 있으며, 우리나라와는 동해를 사이에 두고 인접해 있다. 일본 열도는 활 모양으로 비스듬히 누운 형태로, 네 개의 큰 섬(홋카이도, 혼슈, 시코쿠, 규슈)을 비롯한 약 6,900여 개의 섬으로 이루어져 있다. 일본은 국토의 70퍼센트 이상이 산지로 이루어져 있다. 하지만 대부분의 산지가 험하고 경사가 급해서 활용도는 낮다. 일본의 대표적인 평야 지대로는 니가타, 아키타, 야마가타, 미야기 등 도호쿠 지방을 들 수 있다. 일본은 환태평양 조산대에 위치하는데, 이곳에 위치한 수많은 화산대로 인해 매우 다양하고 풍경 좋은 지형이 만들어졌다.

화려하고 아름다운 기모노

하네다 공항에서 우리가 머물 숙소가 있는 신주쿠까지는 전철을 이용하기로 했다.

"와! 여기가 진짜 일본이구나."

윤이는 맞은편 좌석 너머로 휙휙 지나가는 건물들을 보며 감탄했다. 차창 밖으로 보이는 건물들의 모습은 우리나라와 크게 다르지 않았지만, 곳곳에 붙어 있는 일본어 간판들을 보니 이곳이 낯선 이국땅이라는 실감이 났다.

"아쉽네."

"뭐가요?"

"4월에 왔더라면 벚꽃 구경을 실컷 했을 텐데 말이야."

"엄마, 우리나라도 4월에 벚꽃이 한창이잖아요. 그럼 일본도 우리나라처럼 사계절이에요?"

"응, 일본도 사계절로 이루어져 있단다. 하지만 일본은 나라가 위아래로 길쭉해서 가장 위에 있는 홋카이도와 가장 아래에 있는 오키나와는 기온의 차이가 커. 겨울에 홋카이도는 눈도 많이 내리고 매서운 추위를 동반하지만, 오키나와는 한겨울에도 온도가 20도 가까이 될 정도로 따뜻하지."

엄마의 설명에 윤이는 눈이 반짝반짝 빛났다. 엄마는 일본에 대해 참 잘 알고 있었다. 이런 엄마와 함께 일본을 여행하다니! 윤이는 무척 신났다.

엄마와 윤이는 숙소에 도착해 짐 가방만 내려놓고 밖으로 나왔다. 전시회는 저녁에 보러 가기로 했다. 도쿄 타워에 전시관이 있다는데, 도쿄 타워의 야경이 멋있기 때문에 겸사겸사 저녁에 간다는 것이었다. 그 전에 오후 시간 동안에는 전통 거리가 있는 아사쿠사에서 기모노 체험에 나서기로 했다.

"전주 한옥 마을의 한복 체험과 비슷한 거야."

신주쿠에서 전철을 타고 아사쿠사 역에서 내려 기모노를 대여해 주는 가게를 찾아갔다.

"와! 엄마, 색이 엄청 다양하고 화려해요. 모두 예뻐서 뭘 입어야 할지 모르겠어요."

좌르륵 걸려 있는 다양하고 화려한 기모노의 자태에 윤이 눈이 동그래졌다. 무엇을 어떻게 골라야 할지 몰라서 망설이니 직원들이 하나하나 설명해 주었다. 물론 일본어를 모르는 윤이는 눈만 동그랗게 뜨고 있을 뿐이었다. 그런 윤이를 위해 엄마가 세세하게 설명해 주었다.

윤이는 분홍색 꽃무늬가 들어간 것으로, 엄마는 검은색 나비와 분홍색 꽃이 어우러진 옷으로 골랐다. 기모노는 입는 방법도 무척이나 복잡했다. 한복은 이렇게까지 어렵지 않았는데, 기모노는 아무리 보아도 어떻게 입는 것인지 예상조차 되지 않았다. 직원들이 옆에서 친절하게 입는 것을 도와주었다. 허리를 감싸는 오비를 둘러매 기모노를 고정시킬 때에는 잠깐 흡 하고 숨을 멈추기도 했다.

"엄마, 이거 꼭 우리나라 버선 같은데, 여기 발가락 부분이 갈라져 있어요. 마치 무좀 양말 같아요. 킥킥."

윤이의 장난스러운 표현에 엄마도 함께 웃었다. 기모노에는 일본 전통 신발인 게다를 신어야 하기에 일본 버선인 타비의 발가락 부분도 갈라져 있는 거였다. 엄마와 윤이는 기모노에 어울리게 머리 손질도 받았다.

"윤이야, 정말 잘 어울린다. 일본 만화에 나오는 소녀 같아!"

"엄마도 멋져요. 아주 우아하고, 분위기 짱이에요!"

처음 입어 보는 옷이라 움직이는 데는 좀 불편했지만, 전혀 다른 사람이 된 듯해 기분이 좋았다. 사진으로만 보던 기모노를 직접 입고 일본의 옛 정취가 물씬 풍기는 아사쿠사 거리를 거닐게 되다니 꿈만 같았다.

아사쿠사는 에도 시대를 돌아볼 수 있는 도쿄의 명소로, 628년에 창건한 도쿄에서 가장 오래된 사원인 센소지 절이 있는 곳이다. 엄마와 센소지 절에 들어가려던 윤이는 문에 떡하니 달려 있는 아주 큰 붉은색 등을 손가락으로 가리키며 물었다.

"엄마, 저기 한자가 쓰여 있는 빨간색 등은 뭐예요?"

"저건 액운을 막아 준다는 수호문에 달린 제등이야. 저 한자는 일본어로 가미나리몬이라고 읽어. 반대편에는 다른 한자가 쓰여 있단다."

엄마의 말에 윤이는 종종걸음으로 달려가서 가미나리몬이라고 쓰여 있는 등의 반대편을 보았다. 그곳에는 앞에서 본 한자와는 다르게 '풍뢰신문(후라이진몬)'이라고 쓰여 있었다.

"엄마, 바람과 천둥 신이 지키는 문이라는 뜻이에요?"

"응, 역시 우리 윤이는 똑똑하구나!"

평소 한자 공부에 재미를 붙였던 윤이는 엄마의 칭찬에 으쓱해졌다. 엄마와 윤이는 빨간색 등을 배경으로 기념사진도 찍고 나카미세도리라고 하는 상점 거리도 걸었다. 나카미세도리에 있는 가게들은 에도 시대부터 이어진 상점으로 100년 이상의 역사를 자랑하는 아사쿠사의 명물이다.

"엄마, 이것 봐요. 정말 귀엽죠?"

윤이는 팔 한쪽을 들고 까닥까닥 인사를 하는 고양이 인형을 손으로 가리켰다. 마네키 네코였다.

"귀엽지? 저 고양이가 왼쪽 팔을 들고 있으면 손님을 불러온다고 하고, 오른쪽 팔을 들고 있으면 재물을 불러온다고 해."

평소에 고양이를 무척 좋아하는 윤이는 마네키 네코를 하나 샀다. 마네키 네코를 손에 들고는 귀엽다며 폴짝폴짝 뛰는 윤이를 흐뭇하게 보던 가게 주인이 휴대 전화로 사진을 몇 장 보여 주었다.

"우아! 가와이!"

윤이는 엄마에게 배운 일본어로 귀엽다고 말했다. 그러자 가게 주인이 기분 좋은 듯 웃으며 엄마에게 몇 마디를 했다.

"여기 아주머니도 고양이를 키우고 계시대. 이 사진 속 고양이들이 아주머니가 키우시는 고양이들이래."

"몇 마리나 키우시는데요?"

엄마가 윤이의 말을 전하자 아주머니는 열 손가락을 쫙 폈다. 그러고는 다시 손가락 하나를 폈다. 윤이의 눈이 휘둥그레졌다.

"우아! 열한 마리나요? 얘가 가장 어린가 봐요. 제일 귀여워요."

윤이가 몸집이 가장 작은 고양이 사진을 가리켰다. 검은색 털을 가진 고양이였는데, 마치 흰 양말을 신은 듯 발만 하얀색이었다.

"엄마, 얘 흰 양말 신었어요. 아, 정말 귀엽다!"

그런데 윤이가 가리킨 고양이를 바라보던 아주머니가 슬픈 표정을 지었다.

엄마는 아주머니와 몇 마디를 더 주고받았다.

"아……. 아주머니네 집이 이 근처인데, 며칠 전에 이 새끼 고양이가 현관문이 열린 틈에 잠깐 나갔나 봐. 그런데 아직 어려서 집을 못 찾고 있는 모양이야. 아주머니는 가장 어린 고양이라서 무척 걱정이 된대."

윤이는 하필이면 왜 그 고양이를 콕 집어서 귀엽다고 했는지 죄송한 마음이 들었다. 가게를 나오는 윤이의 표정이 시무룩해 있었다.

"엄마, 그 고양이는 집을 모르겠죠? 너무 불쌍해요."

엄마는 아무 말 없이 윤이의 머리를 쓰다듬으며 윤이의 슬픈 마음을 위로해 주었다.

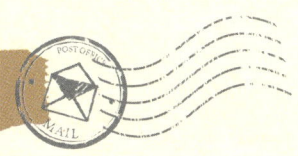

여기서 잠깐! 일본 알아보기

동물과 더불어 사는 삶

고양이 역장 타마

일본 와카야마 현의 작은 시골 마을에 있는 키시 역은 경영이 악화되자 역을 무인으로 운영하기 시작했다. 그리고 2007년, 키시 역에 타마라는 이름의 고양이를 역장으로 취임시켰다. 제1대 고양이 역장의 이름은 타마로, 이 일본 최초의 고양이 역장 타마를 구경하기 위해 많은 사람들이 와카야마 현을 찾게 되었다. 2015년, 타마가 세상을 떠나자 한동안 애도의 물결이 끊이지 않았다고 한다. 현재는 새로운 고양이 역장이 키시 역을 지키고 있다.

제1대 고양이 역장 타마

ⓒTakobou at the Japanesese language Wikipedia

충견 하치코

도쿄 시부야 역 앞에는 충견으로 유명한 하치의 동상이 있다. 하치는 도쿄 제국 대학 우에노 히데사부로 교수가 길렀던 개로, 어느 날 갑자기 세상을 떠난 우에노 교수를 10년 동안 역 앞에서 기다린 것으로 유명하다. 이 모습은 신문에도 실려 많은 사람들에게 감동을 주었다. 사람들은 하치에게 하치코(公)라는 칭호를 붙여 주고, 충견으로 기리며 동상을 세웠다.

기모노

우리나라의 한복과 같은 일본의 전통 의상인 기모노는 보통 의례나 결혼식 같은 특별한 행사가 있을 때 입는다. 한복이 풍부한 곡선의 아름다움을 살린 옷이라면, 기모노는 직선의 절제된 아름다움이 담긴 옷이다. 여자 기모노 의상은 보통 열두 가지 이상의 부분으로 나뉘기 때문에 혼자 입는 것이 어려울 정도로 입는 절차가 복잡하고 까다롭다. 기모노는 길고 넓은 소매가 달린 깃이 있는 일직선의 T자 형 겉옷에 오비라고 부르는 넓은 허리띠를 둘러 등 뒤에서 묶어 옷을 고정한다. 남녀 모두 옷단이 발목까지 내려오며 몸 주위를 감싸는 형태이다. 기모노를 입을 때는 전통 신발인 게다와 발가락 부분이 나뉘어 있는 버선 타비를 함께 신는다.

타비

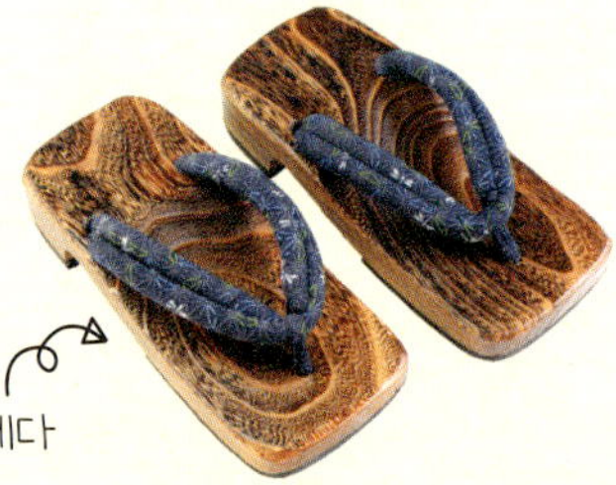

게다

오비

신사

일본에는 모든 사물에 정령이 있다고 믿는 전통 종교인 신도가 있다. 예를 들면 부엌의 신, 마당의 신, 연필의 신 등이 있다고 믿는 것이다. 이 신도의 신에게 제사를 지내는 사당이 신사이다. 그렇기 때문에 신사 문화는 오늘날 일본인들의 일상적 삶에 깊이 스며들어 있다. 인생의 중요한 일이 있을 때마다 신사를 참배하며, 한 해의 시작 또한 신사를 참배하며 기념한다. 일본에 있는 대부분의 신사가 이런 성격을 띠고 있지만 일반 신사와 다른 목적을 가진 야스쿠니 신사 같은 특수한 신사가 있기도 하다.

야스쿠니 신사

약 8만여 개의 일본 신사들 중 규모가 가장 큰 신사로, 메이지 천황 때 전투 중 죽은 사람들의 위패를 안치하기 위해 건립한 곳이 바로 야스쿠니 신사이다. 이처럼 국가에서 만든 신사이기 때문에 제2차 세계 대전 때는 나라를 위해 목숨을 바친 호국 영령들을 모시고 천황이 직접 참배하여 제사를 지냈다. 그런데 1978년, 야스쿠니 신사에 A급 전범 14인의 위패가 들어왔고, 이 사실이 알려지면서 일본 정부 고위 관료들의 공식 참배 여부가 많은 논란을 일으켰다. 일본을 대표하는 총리가 야스쿠니 신사에 가서 참배한다는 것 자체가 제2차 세계 대전에 대한 반성이 전혀 없다는 것으로 해석할 수 있기 때문이다.

지진 속에서 만난 새끼 고양이

　엄마와 윤이는 기모노를 입고 조금 더 아사쿠사를 돌아보았다. 하지만 익숙하지 않은 종종걸음으로 걸으려니 여간 어려운 일이 아니었다. 잠시 가던 길을 멈추고 막 숨을 고르려던 그때였다.
　흔들. 땅이 흔들린 것 같았다.
　"엄마!"
　쿵! 마치 귓가에 굉음이 들리듯 다시 땅이 흔들렸다.
　"엄마!"

"윤이야!"

윤이가 그 자리에서 넘어지려고 하자 엄마가 얼른 윤이를 붙잡았다.

"윤이야, 괜찮니?"

윤이는 고개를 끄덕였다. 길가를 오가던 일본인들도 발밑에서 울리는 진동에 모두 그 자리에서 멈춘 상태였다. 엄마는 얼른 윤이를 데리고 근처 벤치에 가서 앉혔다. 흔들림이 좀 잠잠해지자 엄마는 근처 여중생들에게 다가가 몇 마디를 건넸다. 여중생들은 휴대 전화를 보여 주며 무엇인가 이야기했다. 엄마가 여중생들에게 인사를 하고는 다시 벤치로 돌아왔다.

"진도 4.0 정도의 지진이었다고 하는구나. 도쿄에서 일어난 건 아니고 도쿄 인근에 있는 지바 현이라는 곳에서 일어났는데, 여기까지 느껴졌나 봐. 그나저나 윤이야, 괜찮니?"

"네, 괜찮아…… 어? 엄마! 이게 무슨 소리예요?"

야옹, 발밑에서 고양이 울음소리가 났다. 윤이가 벤치 아래로 몸을 숙였다.

"엄마! 여기 고양이가 있어요!"

"고양이?"

엄마가 쪼그려 앉아서 벤치 아래를 들여다봤다. 벤치 아래 깊숙한 곳에 몸을 숨긴 고양이 한 마리가 있었다. 몸집이 무척 작은 것으로 보아 새끼 고양이인 듯했다.

"이리 와. 괜찮아."

윤이가 엄마 옆에 같이 앉아서 벤치 밑으로 손을 뻗었다.

"야옹."

하지만 경계심 많은 고양이는 울기만 할 뿐 쉽게 다가오지 않았다.

'사람인 나도 지진에 이렇게 놀랐는데, 작은 고양이는 얼마나 놀랐을까?'라는 생각에 윤이는 마음이 아팠다. 윤이는 얼른 구해 주고 싶은 마음에 조금 더 깊숙이 손을 뻗었다.

"괜찮아. 이제 괜찮아. 이리 와."

고양이는 여전히 경계의 눈빛을 한 채 윤이를 쳐다봤다. 윤이가 조금 더 고개를 숙여서 고양이와 눈을 마주쳤다. 그러자 고양이가 한 발을 앞으로 뻗고는 윤이의 손을 슬쩍 핥았다. 손가락에 닿는 까칠까칠한 혀에 윤이가 엄마를 바라보고 웃었다. 엄마도 싱긋 웃었다. 둘은 조금 더 인내심을 가지고 고양이가 앞으로 나오기를 기다렸다.

"됐다. 야옹아, 이제 괜찮아. 근데 너, 정말 귀엽다."

윤이가 고양이를 품에 꼭 안았다. 검은색 고양이였다.

"야옹아, 너 왜 혼자 여깄어? 너네 엄마는 어딨어?"

윤이가 고양이를 쳐다보며 물었다. 엄마도 지진 속에서 혼자 떨고 있던 새끼 고양이가 측은했는지 고양이 머리를 쓰다듬어 주었다.

"어! 근데 엄마, 얘 아까 그 아주머니가 보여 준 사진 속의 고양이랑 닮지 않았어요?"

윤이가 고양이를 번쩍 들어서 요리조리 살펴봤다.

"얘는, 검은색 고양이가 얼마나 많은데."

"아니에요. 딱 그 고양이예요. 여기 흰 양말 신은 것 좀 봐요. 아까 그 아주머니네 고양이가 맞다니까요!"

윤이는 고양이를 품에 안고 다시 나카미세도리로 들어갔다. 급한 마음에 윤이의 발걸음이 빨라졌다. 엄마가 그런 윤이를 뒤에서 열심히 부르며 쫓아왔다. 아주머니의 가게 앞에 선 윤이가 숨을 몰아쉬었다.

"아주머니, 아니. 네코!"

일본어를 모르는 윤이가 그저 네코, 네코만 외치며 검은색 새끼 고양이를 들어 보였다. 아주머니가 처음에는 영문을 모르겠다는 표정을 짓다가 이내 눈이 휘둥그레졌다.

"쿄우!"

역시 아주머니네 고양이가 맞았다. 아주머니는 고양이를 품에 안고 연신 고맙다며 고개 숙여 인사를 했다. 그러고는 마네키 네코 옆에 있던 꽃무늬 손수건을 윤이에게 선물로 주었다. 윤이는 손수건을 팔목에 두르고는 아주머니를 향해 싱긋 웃어 보였다. 아주머니 품에 안긴 새끼 고양이가 윤이에게 고맙다고 눈인사를 하는 것만 같았다.

여기서 잠깐! 일본 알아보기

일본의 기후

일본은 우리나라와 같이 사계절이 뚜렷하고, 여름은 고온 다습, 겨울은 한랭 건조한 기후가 나타난다. 하지만 일본은 국토가 남북으로 길고 위도상으로도 변화가 많기 때문에 지역에 따라서 아열대부터 아한대까지 다양한 기후가 존재한다. 또한 일본은 수많은 섬들로 이루어진 섬나라의 특성상 바다로 둘러싸여 있어서 계절풍과 태풍의 영향을 강하게 받고 강우량이 많다.

일본을 대표하는 휴화산, 후지산

일본을 상징하는 의미로 표현되곤 하는 후지산은 시즈오카 현과 야마나시 현에 걸쳐 있으며, 1707년 마지막 분화 이후 화산 작용을 멈춘 휴화산이다. 후지산은 해발 3,776미터의 일본 최고봉으로, 약 2,750미터인 백두산보다도 무려 1,000미터 이상 더 높으며 후지산의 정상은 1년의 대부분이 만년설로 덮여 있다. '영원한 삶'이라는 뜻을 지닌 후지산은 일본인들이 신성시하는 명산으로, 해마다 여름이 되면 수천 명의 일본인이 산꼭대기의 신사로 등산을 한다고 한다. 후지산은 2013년에 세계 문화유산에 등재되었다.

만화를 20년씩이나!

"엄마, 일본은 역 이름도 어렵고, 갈아타는 곳도 너무 복잡해요."

일본은 전철 노선도 무척 많고 각각의 노선 이름도 달랐다. 환승하는 곳도, 가는 목적지에 따라서 입구도 모두 달랐다. 어느 쪽으로 가도 다 연결되어 있겠지 하고 내려가면, 그곳이 전철이 들어오는 플랫폼으로 바로 연결되어 있기도 했다. 엄마와 윤이는 도쿄 타워로 오는 내내 빽빽하게 그려진 전철 노선도를 손에 꼭 쥐고는 이정표를 보느라 정신이 없었다.

"윤아, 저기 봐! 저게 바로 도쿄 타워야."

지하철 역을 나오자 눈앞에 펼쳐진 도쿄 타워의 모습에 힘들었던 전철 이동은 까맣게 잊어버렸다. 333미터 높이의 도쿄 타워가 바로 코앞에 있는 것처럼 가까워 보였다.

"엄마, 도쿄 다워에서 엄마 작업실에 꽂혀 있던 그 만화책들 관련해서 전시를 하고 있는 거예요?"

윤이는 엄마 작업실 한쪽을 가득 메우고 있던 만화책들을 떠올렸다. 해적왕을 꿈꾸는 인물들이 주인공인 만화였는데, 총 권수가 80권을 훌쩍 넘고 애니메이션으로도 꾸준히 나오고 있었다.

"응, 3층에서 5층까지를 전시관과 체험관으로 꾸며 놓았대."
 윤이는 한 작가가 20년 동안 작품 활동을 하는 것도 대단한데, 한 작품을 시리즈로 계속해서 만들어 내는 게 정말 대단하다고 생각했다. 이게 바로 말로만 듣던 일본의 장인 정신인가!
 만화 전시회는 엄마를 따라서 한국에서도 몇 번 보러 간 적이 있었다. 보통 그런 전시회에는 만화의 원화들만 전시되어 있었다. 그래서 윤이는 과연 그림으로만 세 개 층을 꾸미는 게 가능할지 궁금했다. 하지만 안에 들어가서 본 광경은 어마어마했다.

"우아! 엄마 이게 뭐예요?"

표를 끊고 들어가니 체험관, 라이브 공연관, 전시관, 포토존이 줄지어 등장했다. 윤이는 체험관에서 흘러나오는 일본어를 알아듣지는 못하지만 엄마 작업실에서 종종 꺼내 읽었던 만화책 내용을 기억하며 체험관을 즐겼다. 엄마와 함께 전보 벌레를 찾는 게임과 새총 쏘는 게임도 했다. 엄마와 윤이는 승부욕에 불타올라서 신나는 시간을 보냈다. 포토존에서 사진도 실컷 찍고 마지막으로 빼놓을 수 없는 기념품 숍에도 들렀다. 티셔츠에서 컵, 가방, 인형, 피규어, 문구류까지 만화 주인공들을 테마로 만든 물품들로 가득했다. 하나하나가 모두 아기자기하니 귀여웠다. 가격이 좀 비싸긴 했지만, 이곳까지 온 기념으로 엄마는 컵과 가방을, 윤이는 인형과 볼펜을 샀다.

오늘 여러 군데를 돌아다녀서 피곤했지만, 가방을 꽉 채운 윤이와 엄마의 기분만은 무척 좋았다.

여기서 잠깐! 일본 알아보기

일본의 장인 정신

한 분야에 미칠 정도로 빠진 사람을 의미하는 '오타쿠'라는 단어가 있을 정도로 한 분야에만 몰두하는 일본의 정신은 장인 정신과 통한다. 일본 가마쿠라에는 25대에 걸쳐 700년 동안 가업을 이어온 칼 만드는 장인이 있다. 또, 1611년에 창업한 포목점 마츠자카야는 현재 일본에서 알아주는 유통 업체가 되었다. 일본의 장인 정신의 배경은 도쿠가와 시대부터 있던 사무라이 가족 형태에서 보기도 한다. 도쿠가와 시대에 사무라이들이 급격히 늘면서 가업을 이어받거나 부모와 자식이 아니더라도 스승과 제자가 마치 부모 자식과 같은 관계로 새로운 질서가 성립되었다. 이렇게 확고한 질서의 확립으로 자신의 일을 소중하게 여기고 그것을 후대에까지 전하는 장인 정신이 오늘날까지 내려오고 있는 것이다.

마츠자카야 백화점

덕후의 나라 일본

덕후는 '오타쿠'를 한국식 발음으로 바꿔 부른 '오덕후'의 줄임말이다. 자신에게 특별한 의미를 가진 대상을 발견해 몰두하며 전문성을 쌓는 덕후는 자신과 비슷한 취미를 가진 사람들과 정보를 교류한다. 초기에는 취미 생활에 빠져서 본업에 충실하지 못하고 사교성도 부족할 것이라는 편견 때문에 부정적인 의미로 쓰였다. 하지만 최근에는 '특정 분야에 대한 전문가'라는 긍정적인 의미로 발전하여 사용되고 있다.

신칸센을 타고 료칸으로

숙소에 돌아와 씻자마자 곯아떨어져 눈을 뜨니 아침이었다. 낯선 이국땅에서 맞는 첫날이 벌써 이만큼이나 지나 있다니, 윤이는 무척 아쉬운 기분이었다.

"윤이야, 우리 열차 예약해 놨단 말이야. 얼른 준비해야지."

이미 나갈 채비를 마치고 짐 가방을 싸고 있던 엄마가 큰 소리로 말했다.

"오늘은 신칸센을 타고 온천에 갈 거야."

일본원숭이도 즐긴다던, 그 말로만 듣던 온천을 간다고? 윤이는 용수철

튀듯 이불 속을 빠져나왔다.

"온천이 있는 동네에 가서 맛난 스시도 먹을 거야."

그렇지. 일본에 와서 원조 일본 스시를 먹어 보지 않고 갈 수는 없지.

엄마와 윤이는 온천에서 하룻밤 묵을 예정이어서 배낭에 짐을 잘 챙겨 넣은 뒤 체크아웃을 했다.

도쿄에서 아타미 온천이 있는 시즈오카 현까지는 신칸센으로 45분 정도밖에 걸리지 않는다고 한다. 신칸센의 앞부분은 꼭 오리 주둥이처럼 생겼는데 무척 귀여워 보였다.

"속도를 높이려면 공기 저항을 적게 받아야 하니까 앞쪽을 납작하고 얇게 만든 거란다."

엄마가 옆에서 설명을 해 주었다.

"노선을 잘 보고 타야 돼. 속도가 엄청 빨라서 잘못 탔다가는 순식간에 엉뚱한 곳에 가 있게 된다더라."

과연 그럴 만도 하다. 최고 속도가 시속 600킬로미터가 넘는다니, 우리나라 케이티엑스와는 비교도 안 되고 프랑스 초고속 열차 테제베의 최고 속도인 시속 570여 킬로미터도 뛰어넘는 속도였다.

정말 거짓말 좀 보태서 눈 깜짝할 사이에 온천이 있는 시즈오카 현 아타미에 도착했다. 아타미는 아담한 소도시로, 크고 화려한 도쿄에 비하면 일본의 소박함과 정겨움이 느껴지는 곳이었다. 새로 지은 건물에 화려한 분위기의 온천들이 많았지만, 엄마가 미리 예약해 둔 곳은 오랜 전통을 지닌 소메이료칸이란 곳이었다. 아타미 온천은 최고 온도가 섭씨 95도로 물에 염분이 많은 게 특징이라고 한다.

객실에 들어가니 깔끔한 다다미방이 먼지 하나 없이 정갈해 보였다.

"어? 설마 여기서 온천욕을 하는 건 아니죠?"

욕실에 있는 나무로 된 작은 욕조를 보고 윤이가 물었다.

"얘는, 온천욕은 지하에 있는 일반탕이나 노천탕에서 할 거야. 방 밖에 탕이 달려 있는 방도 있지만, 우리는 다른 사람들과 함께 이용하는 일반 온천으로 예약했거든. 이건 편백나무로 만든 히노키 탕이야. 편백나무는 물에 닿아도 썩지 않고 오히려 물이 닿으면 나무의 향과 좋은 성분이 우러나서 향균 효과가 있대."

얼마 뒤 윤이와 엄마는 객실에 준비해 놓은 유카타로 갈아입고 노천탕으로 갔다.

"앗! 뜨거워!"

온천수는 정말 뜨거웠다. 하지만 일반 물과는 다르게 피부도 고와지고 몸에도 좋은 물이라고 하니 윤이는 참아 보기로 했다. 일본에는 수천 개의 온천이 있는데, 이것은 일본에 화산이 많은 것과 관련이 있다고 했다. 온천은 지하수가 땅의 열에 의해 데워져 땅 밖으로 나온 것이라나……. 그래서 온천은 주로 땅의 온도가 높은 화산 주변에 있다고 한다.

'잠깐! 으아! 갑자기 화산이 폭발하고 그러는 건 아니겠지?'

윤이의 생각이 잠시 엉뚱한 곳으로 흘러갔다.

윤이는 뜨거운 물을 참는 것이 조금 힘들었다. 하지만 노천탕에서 온천에 몸을 담그고 전망을 감상하고 있자니 색다른 즐거움이 느껴져서 뜨거움쯤은 얼마든지 참을 수 있을 것 같았다. 문득 눈이 내리는 날에 노천탕에서 온천욕을 하면 얼마나 멋질까 하는 생각이 들었다. 다음에는 나가노에 있는 지고쿠다니 야생 원숭이 공원에서 원숭이가 온천욕하는 모습도 보고 싶어졌다.

윤이와 엄마는 온천욕을 마치고는 료칸에서 준비해 준 저녁을 먹었다. 가이세키라고 하는 코스 요리였다. 엄마 말로는 엄청 비싸다고 하는데, 그만큼 하나하나 모양이 무척 예쁘고 무엇도 양보할 수 없을 만큼 맛있기까지 했다.

여기서 잠깐! 일본 알아보기

세계에서 제일 빠른 기차 신칸센

신칸센(新幹線)은 말 그대로 '새로운 간선'이라는 뜻이다. 1964년 도쿄 올림픽에 맞추어 도쿄와 오사카를 연결한 도카이도 신칸센을 시작으로, 일본의 전국 주요 도시로 확장되었다. 초기에는 운행 속도가 시속 210킬로미터였으나 현재는 최고 운행 속도가 300킬로미터를 뛰어넘을 정도로 더 빨라졌다. 열차의 종류도 다양한데, 대부분의 신칸센이 열차의 차바퀴가 감당하는 중량을 낮추기 위해 동력을 분산하는 식으로 설계되어 있다. 지반이 약한 일본의 지형적 특성을 고려한 것이다. 또한 좁은 국토에서 도심을 달리게 되는 경우가 많아 외부 환경에 미치는 소음 감소에 큰 비중을 두었다.

여관이 그 여관이 아니라고?

료칸(旅館)은 우리말 발음 그대로 하면 일반적인 숙박 시설을 의미하는 '여관'과 같다고 생각할 수 있지만, 일본에서는 고급 숙박 시설을 가리킨다. 료칸 문화는 일본 에도 시대부터 이어져 왔으며 아기자기하고 정갈한 요리와 자연과의 조화를 중요시하는 건축 양식까지 갖춘, 일본의 전통문화를 모아 한곳에서 즐길 수 있게 만들어진 곳이다. 즉, 료칸은 일본의 전통과 관습, 예의, 생활 양식을 경험할 수 있는 일본의 문화와 전통을 지키는 공간적 역할을 하고 있는 셈이다.

가이세키 요리

료칸이 유명한 이유 중 하나는 손님에게 저녁 식사로 가이세키라 불리는 일본식 코스 요리가 제공되기 때문이다. 가이세키는 많으면 20여 가지의 코스가 나오는데, 주로 지역 특산물을 사용하기 때문에 한 번 먹어 보면 잊지 못할 정도로 맛과 구성이 특별하다.

온천을 즐기는 방법

료칸에는 일본의 전통 의상 기모노의 일종으로, 목욕한 뒤에 입거나 여름에 입는 유카타가 준비되어 있다. 온천욕을 할 때에는 수영복 착용은 금지되어 있고 알몸으로 들어가야 한다. 또 타월을 두르고 온천에 들어가도 안 되고 머리도 가능한 닿지 않게 하는 게 기본 상식이다. 욕조에 들어가기 전에 몸 전체를 씻고 비누 거품을 완전히 없앤 뒤 탕에 들어가야 하는 건 우리나라 대중탕과 마찬가지이다. 그런 뒤 온천에 들어가 뜨거운 온천수에 몸을 담그고 온천욕을 즐긴다. 5분 정도 온천에 몸을 담갔다가 다시 찬물로 씻고 이를 여러 차례 번갈아 하면 온천의 효과가 크다.

예쁜 고양이야, 사요나라!

　아타미의 료칸에서 보낸 하루는 마치 시간이 멈춘 것처럼 고요함 속에서 흘러갔다. 번잡한 도심을 벗어나 좀 더 일본 깊숙이 들어온 듯한 느낌이었다. 일본 문화의 은근하고 섬세하며 독특한 멋도 바로 이런 쉼이 있는 공간, 자연과의 조화 속에서 뿌리내린 것이 아닐까?
　엄마는 짧은 시간이지만 바쁘게 돌아가는 세상과 멀리 떨어진 곳에서 차분하게 자신을 되돌아볼 수 있었다고 말했다. 그리고 윤이와도 많은 이야기를 나눌 수 있어 좋았다는 말도 덧붙였다. 그건 윤이도 마찬가지였다.

다음 날, 도쿄로 돌아온 윤이와 엄마는 아쉽지만 슬슬 한국으로 돌아갈 준비를 해야 했다. 저녁 비행기라 조금 남은 시간 동안 도쿄 시내를 둘러보기로 했다.

도쿄의 길거리는 정말 깔끔했다. 어딜 가나 마찬가지였다. 정리 정돈이 잘 되어 있었다. 사람들이 북적대기로 유명한 도쿄 역, 일본의 명동 시부야, 번화가의 상점, 상점의 간판, 하다못해 유리창에 붙어 있는 포스터까지도 흠잡을 데 없이 깔끔한 인상을 주었다.

"어! 엄마, 근데 뭔가 좀 이상해요."

횡단보도 앞에 서서 도로를 보던 윤이가 고개를 갸웃했다.

"응? 뭐가?"

"원래 차는 오른쪽으로 다니는 거 아니에요? 우리나라는 오른쪽으로 다니는데 일본은 이상하네요?"

"아, 일본은 우리와는 반대로 좌측통행이야. 그래서 일본에서 운전을 할 때 우리나라 사람들이 많이 헷갈려 한다고 해."

"아하! 영국이랑 똑같이 좌측통행이군요."

"그렇지. 자, 이제 고쿄를 보러 갈까?"

"고쿄요?"

"일왕과 그 가족이 사는 왕궁을 고쿄라고 해. 내부까지는 못 들어가지만 고쿄 앞 광장도 볼만하다니까 가 보자."

"근데 엄마, 일본은 왕이 있는데 잘 못 본 것 같아요."

"일왕은 일본의 실질적 군주가 아닌 상징적인 군주일 뿐이거든."

"아, 그렇구나. 그런데 왕이 있으면 공주도 있겠네요?"

"그렇단다."

진짜 왕과 공주님이 있다니, 마치 동화책에 나오는 이야기 같았다.

윤이는 이렇게 일본에는 여전히 왕이 있고 왕과 그 가족이 왕궁에 살고 있는데, 우리는 왕이 거처했던 창덕궁, 경복궁 등이 유적으로만 남아 있다는 사실이 조금 아쉽다는 생각이 들었다.

고쿄 앞에 펼쳐진 광장은 무척 넓었다. 주변의 나무는 모두 키를 맞춘 것처럼 가지런했고, 광장 바닥에는 밟으면 바삭바삭 독특한 소리를 내는 자갈들이 깔려 있었다. 광장을 둘러보다 보니 어느덧 공항으로 출발해야 할 시간이 되었다.

"어! 엄마!"

고쿄 구경을 마지막으로 공항으로 떠나려고 하던 그때, 난간 위에서 무엇인가가 엄마와 윤이의 시선을 끌었다. 바로 귀여운 고양이 가족이었다. 제각

각의 모습을 한 검은색 고양이 세 마리가 난간 위에서 노닐고 있었다. 아사쿠사에서 만났던 쿄우처럼 흰 양말을 신지는 않았지만, 대신 코 옆에 하얀색 점이 있는 고양이가 있었다. 윤이는 휴대 전화를 들어서 고양이 가족을 사진에 담았다.
 그렇게 귀여운 고양이 가족을 뒤로한 채 공항으로 발길을 돌렸다.
 비행기가 하네다 공항을 떠올라 하늘로 날아오른 뒤, 윤이는 휴대 전화에 담긴 사진들을 구경했다. 난간 위의 고양이 가족 사진까지 보고는 윤이가 말했다.
 "고양이들아, 사요나라."

여기서 잠깐! 일본 알아보기

일본의 차량이 좌측통행인 이유

우리나라는 사농자가 우측통행을 하지만, 일본은 우리와는 반대로 좌측통행을 한다. 당연히 운전석도 오른쪽에 있다. 우리나라와 일본이 서로 다른 이유는 각각 영국과 미국의 영향을 받아 서로 차이를 보이기 때문이다. 일본은 일찍이 자동차 도로 시스템을 영국에서 들여온 이유 때문에 영국식을 따르게 되었다. 영국에서는 마차가 교통수단이던 시절, 마부가 말을 몰 때 오른쪽으로 채찍질을 해야 해서 오른쪽에 손님이 앉으면 다칠 우려가 있었다. 그래서 마부가 말을 모는 자리가 오른쪽이 되다 보니 자연히 차량도 운전석이 오른쪽에 있게 되어 차량 좌측통행이 굳어진 것이다. 미국에서는 서부 개척 시대 카우보이들이 오른손에는 총, 왼손에는 채찍을 들고 말을 몰고 다니다 보니 이 습관이 이어져 운전석이 왼쪽에 있게 되었다고 한다. 한편 일본이 차량 좌측통행을 고수하게 된 데에는 또 다른 이유가 있다. 사무라이 시대에 일본의 골목길은 매우 좁았는데, 왼쪽 허리에 칼을 차고 다니던 무사들이 걸핏하면 부딪쳐서 싸움을 벌이곤 했었다. 이러한 불필요한 싸움을 막기 위해 좌측통행이 법으로 규정되었다고 한다.

일왕

과거 신적인 존재라는 의미의 천황으로 불렸던 일왕은 일본의 군주이자 일본 왕실의 대표이다. 나라의 상징이며, 일본 국민 통합의 상징으로 헌법에 일왕의 기능이 명시되어 있지만, 현재의 일왕은 제한된 권한을 가질 뿐이다. 이는 제2차 세계 대전에 패망한 뒤 미국의 요구로 '천황'은 스스로 신이 아님을 주장하였고, 대부분의 권한을 잃은 것이 계기가 되었다. 그리하여 오늘날 일본의 실질적 국정 운영은 내각제를 통해 총리가 하고, 일왕은 일본의 상징적 의미로만 남게 되었다.

고쿄

일왕과 그 가족이 거처하는 왕궁인 고쿄는 400여 년 전에 세워졌다. 일본 전국 시대를 통일하고 막부 시대를 연 도쿠가와 이에야스가 정치 중심지를 교토에서 도쿄로 옮기고 에도성을 세우면서 지금의 궁이 만들어진 것이다. 고쿄는 1년에 두 번, 새해 첫날과 일왕의 생일에만 개방한다.

도쿠가와 이에야스 동상

타이완·몽골 편

제각각 가족 여행 계획 세우기

"그래서 그때 소매치기를 딱 만났는데! 어떤 여자애가 선이 가방을 딱! 그래서 선이 얼굴이 울긋불긋해지는데 난 무슨 단풍 구경 온 줄……."

저녁 식사 자리에서 아빠는 우리의 중국 여행담을 늘어놓았다. 잠자코 아빠 말을 듣고 있던 나는 여자아이 얘기가 나오면서부터 급격히 당황하기 시작했다. 결국 나는 손으로 아빠 입을 막았다. 아빠가 왜 이러냐는 듯 난동을 부리다 결국 항복의 표시로 두 손을 들었다.

"그래서 오빠가 받은 게 저 가방에 있는 은장식 고리야?"

윤이가 내 방 문고리에 걸려 있는 가방을 손가락으로 가리키며 물었다. 아빠만 막으면 되는 줄 알았는데, 역시 윤이는 호락호락하지 않았다. 나는 벌게진 얼굴을 손으로 부채질하며 엄마와 윤이의 시선을 내 가방에서 돌리기 위해 머리를 마구 굴렸다.

"아! 엄마, 우리 다음에는 다 같이 여행 가요. 가족 여행! 여름 방학에 가는 건 어때요?"

"가족 여행?"

"네. 우리 다 같이 여행 간 적은 너무 오래됐잖아요. 김윤이, 너는 어때? 다 같이 가면 더 재미있지 않겠어?"

내 말에 윤이는 금세 손뼉을 치며 좋아했다.

"응. 그것도 재밌겠다. 난 타이완에 가고 싶어."

"왜?"

"일본에서 엄마랑 만화 전시회를 봤는데 되게 재밌었거든. 근데 며칠 전에 엄마 작업실에서 본 '센과 치히로의 행방불명'이라는 애니메이션의 배경이 된 곳이 타이완에 있대."

늘 엄마 껌딱지였던 윤이는 엄마가 하는 일을 어릴 때부터 보고 자랐다. 그 덕분에 다양한 만화책과 애니메이션을 어려서부터 자연스럽게 접하며 좋아하기 시작했다. 그날도 엄마가 일 때문에 나가면서 엄마 컴퓨터로 애니메이션을 보는 걸 허락해 주었다. 집에 아무도 없을 때 혼자서 영화를 보는 맛이란!

애니메이션 속 주인공 치히로의 가족은 이사를 가는 중에 수상한 터널을 보게 된다. 그리고 그 수상한 터널을 통과해 작은 마을로 들어선다.

"와! 저 마을 예쁘다! 저런 곳이 실제로 존재하기나 할까?"

가끔 엄마도 실제 장소를 배경 삼아서 그림을 그리곤 하던데, 미야자키 하야오 감독도 과연 그랬을까? 궁금해진 윤이는 찾아보기 시작했다.

"우아! 진짜 있네!"

지우펀 마을. 치히로네 가족이 들어선 작은 마을의 진짜 이름이었다. 지우펀은 아홉 집이라는 뜻이다. 원래 아홉 가구가 사는 작은 산골 마을이었는데, 인근 마을에서 들여온 생필품을 한꺼번에 사서 아홉 집이 골고루 나누어 썼다고 해서 지우펀이라 부르게 되었다고 한다. 산비탈에 자리 잡은 작은 산골 마을은 금광이 발견되면서 돈이 풍족해지고 사람들이 몰리면서 크게 발달했다고 한다. 그 뒤 폐광이 되자 사람들은 마을을 떠났지만, 이 마을이 영화나 애니메이션의 무대 배경이 되면서 타이완을 찾는 관광객들의 명소가

되었다. 좁은 골목길은 미로처럼 끝없이 이어지고 급한 비탈길을 올라가거나 골목길에 서면 바다가 내려다보이는 운치 있는 풍경도 만나게 된다. 그 골목길이 고스란히 일본 애니메이션 〈센과 치히로의 행방불명〉 속에 담기게 된 것이다.

"엄마, 지우펀 마을은 낮보다 밤이 더 아름답대요. 줄지어 늘어서 있는 상점들의 불빛이 마치 꿈만 같다고 그랬어요."

"우리 똑순이는 어디서 그런 정보를 찾았어?"

또 시작이다. 엄마와 죽이 척척 맞는 윤이는 늘 저런 모습이다.

"나도 타이완에 타이베이 101 빌딩을 보러 가고 싶긴 한데, 타이베이는 비가 너무 자주 와서 싫어. 난 여행 때 비 오는 거 별로야."

내 말에 윤이가 눈을 흘겼다.

타이완의 수도 타이베이의 랜드마크라고 불리는 하늘을 찌를 듯한 건물, 타이베이 101 빌딩이 보고 싶은 건 사실이다. 하지만 타이완은 수시로 비가 오는 아열대성 기후라고 했다. 언제 어디서 거센 빗줄기를 맞을지 모른단다. 비라면 질색인 나는 고개를 절레절레 저었다.

물론 비가 그치고 난 뒤 보는 야경이 그렇게 예쁘고, 아리산 같은 곳은 자연 협곡이나 운해가 장관을 이룬다고 하지만, 일단 비 때문에 나는 타이완을 여행 후보에서 빼 버렸다.

"그럼 오빠는 어디 가고 싶은데?"

"난 몽골!"

"몽골은 사막뿐이잖아."

"에헴, 얘가 또 하나만 알고 둘은 모르네."

나는 오빠로서 지식을 뽐낼 때가 왔구나 싶어서 가슴을 쫙 폈다.

"몽골을 여행하는 방법은 한 가지만 있는 게 아니야. 사막 트레킹을 원하면 남쪽의 고비 사막으로 가면 되고, 휴양을 원한다면 서북쪽의 홉스굴 호수로 가면 돼."

"몽골에도 호수가 있어?"

"당연하지. 몽골에 '공중에 뜬 신의 호수'라고 불리는 홉스굴 호수가 있어."

사방이 내륙으로 둘러싸인 몽골은 습도가 낮고 건조하다. 먼 바다에서 불어오는 바람은 넓은 대륙을 지나 몽골까지 오는 동안 바싹 말라 버린다. 그렇기 때문에 몽골인들에게 홉스굴 호수는 신이 내린 선물인 것이다. 몽골인들은 이런 홉스굴 호수를 두고 '어머니의 바다'라고도 한다.

중국을 다녀온 나는 중국만큼 넓은 대륙을 여행하고 싶었다. 그러던 중 몽골이 역사상 가장 넓은 영토를 가졌던 제국이었다는 이야기를 듣고 다음 여행지를 망설임 없이 몽골로 정했다.

"난 사막 싫어. 그리고 타이베이 101 빌딩에서 보는 야경이 엄청 예쁘다고 했어. 오빠도 아까 타이베이 101 빌딩 보러 가고 싶다고 했잖아. 그러니까 다음에는 우리 타이완 가자."

"난 비 오는 거 싫다니까. 그리고 몽골도 야경은 끝내준댔어! 몽골의 밤하늘을 보고 있으면 별이 쏟아지는 것 같대."

몽골은 세계 3대 별 관측지로 꼽힌다. 그림자조차 구경하기 힘든 몽골의 초원에서는 해가 지는 모습이 장관이란다. 하늘에 잉크 한 방울이 떨어져 번지는 것처럼 지평선 끝부터 점점 붉게 물들어 가는 풍경은 도심의 삶 속에서는 구경할 수 없는 볼거리라고 한다. 몽골 초원에 밤이 오면 마침내 신비한 환상의 세계가 펼쳐진다. 게르 불빛 외에는 주위가 온통 새까만 어둠이라 밤

하늘의 별빛이 더욱 또렷하고 맑게 보인다고 한다. 육안으로도 은하수와 여러 별자리를 볼 수 있고, 별똥별이 떨어지는 모습을 보며 소원을 빌 수도 있다고 했다.

몽골 야경에 대한 설명을 들은 윤이가 조금 망설이는 듯했다.

"그치만……."

하지만 내 의견에 쉽게 동의해 주기는 싫은지 말꼬리를 흐렸다.

"자! 그럼 이렇게 해!"

결국 보다 못한 엄마가 해결사로 나섰다.

"자! 가위바위보!"

무의식중에 나와 윤이는 손을 내밀었다.

그리고 여름 방학.

우리 가족은 몽골로 가는 비행기에 올랐다.

여기서 잠깐! 타이완 알아보기

근대와 현대가 공존하는 나라, 타이완

타이완은 타이완 해협을 사이에 두고 중국과 마주하고 있는 섬나라이다. 총면적은 우리나라의 경상도와 전라북도를 합친 크기와 비슷한 약 3만 6천 제곱킬로미터이다. 국민의 98퍼센트가 한족이며, 나머지 2퍼센트는 타이완 원주민인 고산족이다. 타이완은 세계에서 인구 밀도가 높은 지역 중 하나로 전체 인구의 약 70퍼센트가 도시에 모여 산다. 중심 도시는 수도 타이베이, 가오슝, 타이중, 타이난 등이다.

타이완은 중국일까, 아닐까?

중국 본토에서 약 160킬로미터 떨어진 서태평양에 자리 잡고 있는 타이완을 중국의 일부쯤으로 알고 있는 사람들도 있다. 하지만 타이완은 제2차 세계 대전 이후 중국 본토를 공산당이 점령하자 국민당 정권이 중국 동남쪽에 있는 큰 섬으로 옮겨 오며 세운, 중국과는 별개의 독립 국가이다. 그때 생긴 타이완과 중국의 갈등이 오늘날까지 이어지고 있다. 과거 우리나라와도 수교를 맺었으나, 우리나라가 중국과 정식으로 수교를 하면서 타이완과 한국의 공식적인 외교 관계는 현재까지 단절되어 있다.

타이완의 자연과 기후

산지와 구릉 지대가 전 국토의 절반 이상을 차지하는 타이완은 우뚝 솟은 산봉우리들, 호수, 폭포 등 풍요로운 대자연을 축복으로 받은 땅이다. 또 일본 못지않게 곳곳에 온천이 많다. 북쪽 지역은 아열대, 남쪽 지역은 열대성 기후로, 대체로 온난한 편이다. 하지만 태풍이 잦으며, 특히 7월에서 9월까지 서너 차례에 걸쳐 열대 태풍으로 피해를 입곤 한다.

여기서 잠깐! 몽골 알아보기

역사상 가장 넓은 영토를 가졌던 제국, 몽골

넓은 초원에서 유목 생활을 하던 몽골 민족을 통일하고 동서양에 걸친 대제국을 건설했던 칭기즈 칸의 혼이 숨 쉬는 나라가 바로 몽골이다. 북쪽으로는 러시아, 남쪽으로는 중국과 국경을 접하고 있으며 수도는 울란바토르이다. 몽골은 땅덩어리가 옆으로 길쭉한 타원형을 이룬다. 국토 면적은 약 156만 제곱킬로미터이며, 총인구는 약 300만 명으로 세계에서 가장 인구 밀도가 낮은 나라 가운데 하나이다. 인구의 약 5분의 4가 할하어(몽골어)를 사용하는 몽골족으로, 나머지는 카자흐족, 러시아인, 중국인으로 이루어져 있다. 공용어는 할하어이며 전통 종교는 티베트 불교이다.

몽골의 전통 가옥 게르

유목 생활을 하던 몽골인의 생활 방식에 맞춰진 이동식 전통 가옥이다. 원형의 격자를 벽처럼 둥글게 세워 올린 다음, 동물의 생가죽이나 힘줄 등으로 나무를 단단히 엮어 만든다. 또한 양털 펠트를 덮어 혹한을 견디도록 했으며, 그 위에 다시 가죽이나 모직물 등을 덮고 문양 등을 넣어 치장을 한다. 여름에는 시원하고 겨울에는 따뜻해서 혹독한 자연 환경 속에서도 오랜 기간 이동하며 살기에 아주 효과적인 구조물이다.

몽골의 자연과 기후

평균 고도가 해발 약 1,600미터에 이르는 몽골은 지형에 따라 크게 세 지역으로 나뉜다. 시베리아에서 북부와 서부 지역으로 길게 뻗어 나온 산맥, 그 산맥 사이에 있는 산간 분지 지역, 남부와 동부에 있는 거대한 고원과 사막 지역이다. 국토 중앙부에서 동부에 걸쳐 목축에 알맞는 대초원이 전개되어 있어서 몽골인들은 수백 년 동안 가축을 키우는 유목 생활을 해 왔다. 이러한 목초지는 몽골의 가장 중요한 천연자원으로, 축산물이 전체 농산물 수익의 70퍼센트를 차지한다. 나무가 없는 반 건조 지대인 고비 사막은 돌이 많으며 일부만 모래로 덮여 있다. 동아시아 내륙 안 깊숙이 위치한 몽골은 전형적인 대륙성 기후를 보인다. 몽골의 뚜렷한 대륙성 기후는 강수량이 매우 적고 기온 변화가 심하며 기온 차가 큰 것이 특징이다. 겨울은 춥고 맑으며 건조한 반면, 여름은 따뜻하고 짧다.

타이완의 가 볼 만한 곳

르웨탄 호수

예류 지질 공원

지룽

컨딩

몽골의 가 볼 만한 곳

고비 사막

테를지 국립 공원

복드칸 궁전 박물관

에르덴조 사원

세계 속 지리 쏙

대륙 갔다 반도 찍고 섬나라로!

초판 1쇄 발행 2018년 1월 30일
초판 3쇄 발행 2019년 4월 3일

글 김은숙 | 그림 한상언

ⓒ김은숙, 한상언 2018
ISBN 979-11-88283-31-6 73300
ISBN 979-11-88283-30-9(세트)

* 저작권법에 의하여 한국 내에서 보호를 받는 저작물이므로 무단 전재와 무단 복제를 금합니다.
이 도서의 국립중앙도서관 출판예정도서목록(CIP)은 서지정보유통지원시스템 홈페이지(http://seoji.nl.go.kr)와 국가자료공동목록시스템(http://www.nl.go.kr/kolisnet)에서 이용하실 수 있습니다. (CIP제어번호 : CIP2018002241)
* 책값은 뒤표지에 있습니다.
* 잘못 만들어진 책은 구입하신 곳에서 바꾸어 드립니다.

발행처 주식회사 스푼북 | 발행인 박상희 | 출판신고 2016년 11월 15일 제2017-000267호
제조국 대한민국 | 주소 (03968) 서울시 마포구 성미산로 29, 302호
전화 02-6357-0050(편집) 02-6357-0051(마케팅)
팩스 02-6357-0052 | 전자우편 book@spoonbook.co.kr
*10세 이상 어린이 제품

제품명 대륙 갔다 반도 찍고 섬나라로!	제조자명 주식회사 스푼북	제조국명 대한민국
전화번호 02-6357-0050	주소 서울시 마포구 성미산로 29, 302호	
제조년월 2019년 4월 3일	사용연령 10세 이상	
※ KC마크는 이 제품이 공통안전기준에 적합하였음을 의미합니다.		⚠ 주 의 아이들이 모서리에 다치지 않게 주의하세요.